¡YO LEO! ¡TÚ LEES!

Turno de lectura del niño

Turno de lectura del adulto

LEEMOS SOBRE

EL BÁSQUETBOL

KIM THOMPSON y MADISON PARKER

Traducción de Pablo de la Vega

ÍNDICE

SEAHORSE PUBLISHING

Guía para padres y cuidadores

Leer a su niño en voz alta tiene muchos beneficio . Aumenta su vocabulario, activa el intercambio de ideas y fortalece los vínculos emocionales. Las investigaciones muestran que los niños a quienes se les leen libros en voz alta mejoran sus habilidades lingüísticas, lo que los lleva a tener mayor éxito en la escuela.

Los libros de *¡Yo leo! ¡Tú lees!* le ofrecen una manera divertida y sencilla para leer con su niño. Siga estas pautas:

Antes de la lectura

- Miren la tapa y la contratapa. Hablen de sus experiencias personales relacionadas con el tema.
- Lean las *Palabras que hay que saber* de la página 3. Hablen acerca de su signifi ado.
- Si el libro resulta difícil o lejano para su niño, léalo en voz alta la primera vez. Luego, invite a su niño a participar la segunda vez que lo lean.

Durante la lectura

NIÑO Pida a su niño que lea las palabras junto a este símbolo. Este texto concuerda con el nivel de lectura y grado señalados en la tapa.

ADULTO Lea las palabras junto a este símbolo.

- Deténgase con frecuencia para hablar con su niño sobre lo que está leyendo y para asegurarse de que su niño entiende.
- Si su niño tiene difi ultades para decodifi ar una palabra, ayúdelo a pronunciarla. Si sigue experimentando difi ultades, pronuncie usted la palabra para que su niño la escuche y pídale que la repita.
- Para encontrar el signifi ado de una palabra, busquen pistas en las palabras e imágenes que la rodean.

Después de la lectura

- Felicite a su niño por sus esfuerzos. Hágalo notar cómo ha crecido como lector.
- Hagan preguntas y respuestas sobre el libro.
- Hable con su niño sobre lo que aprendió y sobre lo que le gustó y lo que no le gustó del libro.

Y, lo más importante, deje que su niño sepa que leer es divertido y valioso. Continúen leyendo juntos conforme las habilidades y seguridad de su niño crecen.

PALABRAS QUE HAY QUE SABER

básquetbol

canasta

equipo

lanzamiento

pase

PALABRAS VISUALES

a
con
de
el
en

está
estás
la
lo
que

somos
un
una
y

Jugamos **básquetbol**. NIÑO

El **básquetbol** se juega en una cancha que está adentro o afuera. ADULTO

balón de básquetbol

Corremos con el balón de básquetbol.

NIÑO

Cuando corres con el balón de básquetbol, haces que rebote una y otra vez.

ADULTO

pase

Hacemos un **pase** con el balón de básquetbol.

NIÑO

Haces un **pase** con el balón de básquetbol cuando lo pasas a tus compañeros de equipo.

ADULTO

lanzamiento

Hacemos un **lanzamiento** con el balón de básquetbol.

NIÑO

Puedes anotar dos puntos si haces el **lanzamiento** cerca de la canasta o tres puntos si estás lejos de la canasta.

ADULTO

Queremos que el balón de básquetbol entre en la **canasta**.

NIÑO

Si el balón de básquetbol entra en la **canasta**, el equipo anota puntos.

ADULTO

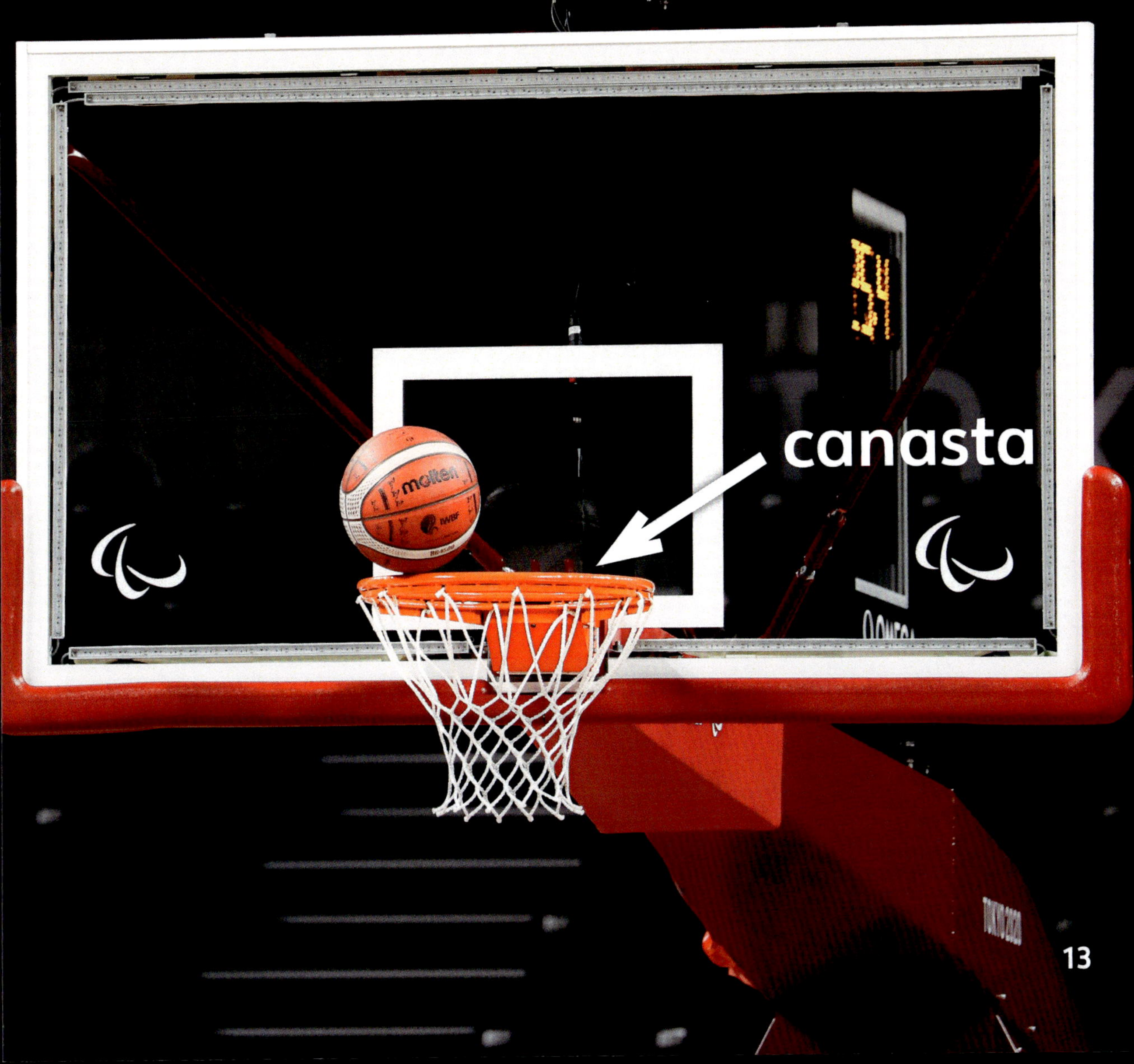
canasta

¡Somos un **equipo** de básquetbol!

NIÑO

Un **equipo** de básquetbol tiene jugadores que juegan en distintas posiciones.

ADULTO

equipo

Índice alfabético

Escrito por Kim Thompson y Madison Parker
Diseño de Jen Bowers
Desarrollo de la serie de James Earley
Traducción de Pablo de la Vega
Coordinadora de impresión: Candice Campbell

Photos: cover ©2020 wavebreakmedia/Shutterstock; p.5 ©2019 Paolo Bona/Shutterstock; p.6 ©2015 glenda/Shutterstock, ©2019 A_Lesik/Shutterstock; p.7 ©2018 salajean/Shutterstock; p.8 ©2021 JoeSAPhotos/Shutterstock; p.9 ©2014 Monkey Business Images/Shutterstock, ©2020 Dmytro Zinkevych/Shutterstock; p.10 ©2020 Robert Kneschke/Shutterstock; p.11 ©2016 allensima/Shutterstock, ©2019 JoeSAPhotos/Shutterstock; p.13 ©2021 Marco Ciccolella/Shutterstock; p.15 ©2020 wavebreakmedia/Shutterstock

Library of Congress PCN Data
Leemos sobre el básquetbol / Kim Thompson y Madison Parker
¡Yo leo! ¡Tú lees!
ISBN 979-8-8945-9012-7 (hard cover)
ISBN 979-8-8945-9018-9 (paperback)
ISBN 979-8-8945-9024-0 (EPUB)
ISBN 979-8-8945-9030-1 (eBook)
ISBN 979-8-8945-9036-3 (audio)
ISBN 979-8-8945-9042-4 (read-along)
Library of Congress Control Number: 2024946171

Printed in the U.S.A./CP112025

Seahorse Publishing Company
www.seahorsepub.com

Published in the United States
Seahorse Publishing
PO Box 771325
Coral Springs, FL 33077

SEAHORSE PUBLISHING